JN015226

就学前にやっておきたい 特性理解と支援

虹色な こどもたち

園でできる
発達支援

星山麻木｜著　　相澤るつ子｜イラスト

RED　ORANGE　YELLOW　GREEN　AQUA　BLUE　PURPLE

はじめに

それぞれの色を大切にして
輝くための支援を

　空にかかる美しい虹は、見上げる私たちの心を
しあわせにしてくれます。

　虹はさまざまな色を含む多様性の象徴です。子
どもたちの発達は多様であるからこそ、それぞれ
に豊かで愛おしいのです。しかし、いつの間にか、
みんなと同じ色であることが安心になっていない
でしょうか。でも本当は、それぞれが異なる色を
もつ"虹色"であって、決して同じ一色ではない
はずです。

　多様な発達の子どもたちと出会って40年。子
どもたちを色に例えるのであれば、白、黒、グレー
ではなく、虹色であると感じていました。色の濃
淡の組み合わせからなる虹は、どの色も唯一無二。
その違いにこそ、その子にしかない個性や輝きが
あり、それぞれにすばらしいのです。

　子どもだけではなく、私たち大人も本当はそれ
ぞれ違った虹色なのではないでしょうか。だから
こそ私たちはお互いを必要とし、つながりあって
いくことが大切なのかもしれません。

　就学が近くなると保護者や保育者は「小学校で大
丈夫かな？」と不安になり、子どもが苦手なことを
なんとか普通に近づけようとして、子どもにのみ
努力を求めてしまうかもしれません。子どもたち
がそれぞれに楽しい学校生活を過ごすためには、
一人ひとりの違いが強みになるよう私たち大人が
工夫し、就学前後の環境を調整し、小学校と連携
していくことが大切なのです。

　本書では、発達の特性をレッド、オレンジ、イ
エロー、グリーン、アクア、ブルー、パープルと7
色に分け、感性豊かな子どもたちを紹介します。
私たちはそれぞれが誰とも違うステキな虹色です。
保育者がその特性に応じた支援を理解し、子ども
たちと保護者の笑顔につなげることができたなら、
どんなにすばらしいでしょう。

　これからご一緒に、「虹色なこどもたち」の特性
と支援方法を学んでいきましょう。

保健学博士　星山麻木

もくじ

本書の構成

本書では、子どもたちの多様な発達特性への理解を深め、肯定的に
受け止めることを通して、保育のなかでできる配慮や、就学前に行いたい
小学校や保護者とも連携したスムーズな支援の方法を提案しています。

※本書に登場する子どもたちは5歳児を想定しています。

**特性理解と
園での対応、
就学前の支援まで、
段階的に紹介**

1 園で見られる姿から、発達特性の傾向を把握

園生活で見られる姿
園生活のなかであらわれ
やすい傾向の、具体的な
子どもの姿を取り上げて
います。

ここがステキ！
それぞれの特性を、肯定
的にとらえた姿を紹介。

2 その子の気持ちを理解し、園でできる対応を知る

理解しよう
その子の行動の背景にあ
る思いや特徴・特性、苦
手なことへの理解を深め
ます。

園でできる支援
みんなと同じにできるよ
うにするのではなく、そ
の子の特性を尊重した合
理的配慮、対応を提案し
ています。

お助けグッズ・環境
［セーフグッズ・スペース］
気分を切り替えられたり、
不安なときに落ち着ける
グッズや場所。
［セーフパーソン］
その子にとって安心でき
て、助けになってくれる
存在。

3 就学に向けて、今からできる取り組み

就学前に
やっておきたい支援

就学後に想定される困り
ごとに対し、特性に配慮
し、小学校や保護者とも
連携しながらできる支援
を提案しています。

小学校で
こんなことに
困るかも……

就学後に想定される困り
ごとやトラブルの例をあ
げています。

小学校と
連携

小学校と連携して
すすめるとよい内容

保護者と
連携

保護者と連携して
すすめるとよい内容

子どもたちの特性と支援の解説

特性理解

これまでに紹介した子ど
もたちの特性傾向をより
詳しく解説します。

支援

それぞれの子どもに合っ
た支援についてまとめて
います。

伝えていきたいこと

それぞれの子どもが自分
らしさを大切にして、輝
いていくための肯定的な
メッセージです。

レッドくん

なんでも1番
正義の味方

完璧じゃないと気がすまない！
友だちとけんかになるのも、自分
の正義が大切だからです。

園生活で見られる姿

負けそうになると
相手を攻撃してしまう

１番になること、勝つことへのこだわりが強く、期待外れな結果になった場合には悔しい気持ちのはき出し方がわからず、人を攻撃してしまうことがあります。

自分の世界が大事で
じゃまされると怒る

完璧主義で理想やプライドが高い傾向があるので、自分の領域を侵されると、じゃまをされたと感じて傷つき、怒ってしまうことも。

（ レッドくんのここがステキ！ ）

● 決めたことはきちんとやる
● 記憶力が優れている
● 正義感が強い

秩序や規則を大切にするので、保育者に言われたことなどをしっかり守ろうとします。

レッドくんを理解しよう

自分が活躍して リーダーに なりたい

人よりも活躍して認められたい気持ちがあり、頑張ろうとします。規則性や決まりを重んじるので、友だちの間違いにもよく気づき、指摘したくなります。

わー！すごい！

うまくやりたい 気持ちはあるけれど、 不器用で実現できない

「こんなものをつくりたい！」「こんなふうになりたい！」という気持ちはあるのに、不器用さのためにできなくてイライラすることも。

レッドくんの特徴・特性

● 規則性・完璧を好む
● １番になることや正義にこだわる
● プライドが高い　● 感覚が過敏

レッドくんの苦手なこと

● 手先を器用に動かすこと
● 間違いを許すこと
● 自分の気持ちを伝えたり、
　相手の気持ちを察したりすること

園でできる支援

勝ったり負けたりすると
事前に伝えておく

思い通りの結果にならないと情緒不安定になりやすいため、運動やゲームでは勝つこともあれば負けることもあると、心の準備ができるように事前に伝えておきましょう。

勝ったり負けたり
するよ

レッドくんは
頑張りやさんで…

友だちに対して
気持ちの肯定的な通訳を

自分の気持ちをことばにすることが苦手なレッドくん。レッドくんは頑張りやで「1番になりたい」「きちんとやりたい」という思いから行動していることを、保育者からほかの子どもたちに伝えましょう。

お助けグッズ・環境

[セーフスペース]

カッとなったり、聴覚が過敏で音が聞こえすぎるときに、ひとりで静かに落ち着けるテントや段ボールでつくった囲いなど。

[セーフパーソン]

「静かなところに行こうか？」「本当はみんなとなかよくなりたいんだよね」など、レッドくんの気持ちを理解し、通訳してくれる友だち。

小学校でこんなことに困るかも……

1番へのこだわりや人の間違いが許せないなどの理由で
かんしゃくを起こし、友だちとの間にトラブルが発生してしまうことも……。

正義のヒーローに なりたくて、 友だちと トラブルになる

順番の無視や列からのはみ出しなどが
許せず、誤りを指摘したり場を仕切っ
たりし、友だちと衝突することがあり
ます。

テストでよい点が とれないと かんしゃくを起こす

完璧主義でテストは100点でないと満
足できないところがあり、テスト結果
が不本意だとかんしゃくを起こしてパ
ニックになる場合があります。

就学前にやっておきたい支援

レッドくんのこだわりや一生懸命さを認めながら、
他者の気持ちを理解し、落ち着いて行動できるような手だてを。

他者の気持ちに気づいて共感できるように促す

レッドくんの悔しくてイライラしてしまった気持ちに寄り添い、まずは「悔しかったね」とことばにして、ともに悔しがりましょう。そして、その場ですぐに「レッドくんに押されてこわかったよね」などと相手の気持ちを通訳し、レッドくんに伝えます。

結果だけを求めず自分を認める力を育む

頑張ったことが
1番だよ

カッとなったことを叱ったり、なだめたりするのではなく、「頑張ったことが1番だよ」などと声をかけ、結果だけが大事ではないことに気づき、頑張った自分を認められるように促していきましょう。

自分の動きを客観視できるようにする

空間認知の発達が異なり、遠近感がつかめず、視野が狭いため、人によくぶつかったり、人との距離が近すぎたりすることも。本人は自分の動きに気づいていない場合があるので、パペットなどを使いロールプレイで理解を促すとよいでしょう。

得意分野を認めて自己肯定感を高める

電車の名前や路線、時刻表に詳しく、興味があることを細かな部分まで記憶する力があるレッドくん。得意なことを周囲に伝え、自信につなげましょう。

オレンジちゃん

心優しい
あわてんぼう

感受性が豊かで人の気持ちにも敏
感で優しい。一方で大事なことを
うっかり忘れてしまうところも。

園生活で見られる姿

整理整頓ができず
すぐに物をなくす

どこかに置き忘れて道具箱の中身が足りなかったり、ぐちゃぐちゃになっていたりすることがよくあります。

目の前の刺激に気を取られ
言われたことを忘れる

保育者の話を聞き逃して何をやるのかわからなくなったり、何かをしている途中でほかの刺激が入ると気を取られて、やることを忘れてしまったりする場合も。

オレンジちゃんのここがステキ！

● 共感力が高く、人の気持ちに気づく
● 優しく穏やか
● お話づくりや製作が得意

人がどう思っているかを感じ取り、助けたり喜ばせたりしたいと思っています。

大丈夫？

オレンジちゃんを理解しよう

同時に複数の内容を覚えていられない

記憶が苦手で、同時にいろいろな指示があると順序だてて覚えられず、何をどうすればよいかわからなくなってしまいます。

お昼ごはんの後にお片づけしたらトイレに行って…

失敗が多く自己肯定感が低い

自分では気をつけているつもりでも、つい忘れるなど、どうしても失敗をくり返しがち。同じ内容で何度も注意を受け、自信をなくしてしまいます。

オレンジちゃんの特徴・特性

- 忘れっぽい
- あわてんぼう
- 優しい
- 感受性が強い
- 創造力が豊か

オレンジちゃんの苦手なこと

- 片づけ・整理整頓
- 同時に複数の内容を実行すること
- 決まった時間に間に合わせること

園でできる支援

多くの指示を同時に出さず視覚的にわかりやすく

同時に3つ以上の指示は通りにくいです。2つ終えたら次の指示を伝えるなどの工夫を。絵カードを使った指示も有効です。

決まったところに片づけられる工夫を

道具箱の中に、しまう物の写真を貼っておくなど、決まった場所に片づけられる仕組みをつくるとよいでしょう。物をなくしたときもわかりやすくなります。

お助けグッズ・環境

[セーフグッズ]

片づけ場所を示した写真や、指示が目で見てわかりやすい絵カード。

[セーフパーソン]

オレンジちゃんの聞き逃してしまった指示を、声かけなどをしてフォローしてくれる子。

次はお外だよ

あ、そうか

小学校でこんなことに困るかも……

学校ならではの決まりや自分でやることが増えて混乱したり、
ボーッとしたり、人に気を取られたりして行動が遅れがちに……。

忘れ物が多く、いつも注意されてしまう

不注意傾向があるため、忘れ物が多く
整理整頓も苦手。先生から何度注意さ
れてもミスをしてしまい、自己肯定感
が低下してしまいます。

ボーッとして先生の話を聞き逃す、行動が遅い

ほかのことに気を取られて、指示が耳
に入っていなかったり、次の行動の準
備に手間取ったりして間に合わないこ
とが多くなりがちです。

就学前にやっておきたい支援

最低限の整理整頓や片づけが自分でできる習慣づけを。
自分でできる経験を積むことで自己肯定感を育みましょう。

やることが
わからなくなったときには
ヘルプを出す習慣づけを

聞き逃してやることがわからなくなり、時間に遅れたり忘れ物をしたりしないよう、わからないときは友だちや保育者に「教えて」とヘルプを出してよいことを伝え、周りに助けを求める経験を積めるようにしましょう。

次は何をするんだっけ？
教えてくれる？

人に優しいところや
創造力が豊かなところを
ほめて自信を持たせる

人に優しく、創造性が豊かで物づくりや絵を描くことなど得意なことがたくさんあります。そのことをほめ、生かせる場を設けて自己肯定感を育んで。

保護者と
連携

物をなくさないための
ルールづくりをする

小学校からの配布物などを紛失しないようにするためにファスナーつきのケースなどを用意。大切な物はこのケースにしまうといった練習を、在園中からしておくとよいでしょう。

イエローちゃん

すばやく動く
人情家

じっとしていることは、退屈して
イライラしてしまう。面白いこと
が大好きです！

園生活で見られる姿

好奇心が旺盛で すぐにどこかへ行ってしまう

「面白そう！」と思うと、その場にとどまれず、興味のあるほうへすぐに向かってしまいます。部屋を出て行ってしまうこともあります。

じっとしていられない

じっとしているのが苦手で、物や棒を振り回したり、座っていても体を揺らしたり、手足をバタバタさせたりします。それを止められると、イライラしてカッとなり乱暴をしてしまうことも。

イエローちゃんのここがステキ！

● 好奇心が旺盛
● 面白いことを思いつく
● 動くことが大好きで活動的

いつも元気いっぱい。面白い行動をとってみんなを笑わせたり、楽しませたりします。

イエローちゃんを理解しよう

興味のないことや くり返しは 退屈で飽きてしまう

興味のないことやくり返しの活動はつまらないと感じて、人にちょっかいを出したり、人の話を聞かずに自分の話を続けたり、注目を浴びるような行動を衝動的にとってしまったりする場合があります。

体を思いきり 動かしていると 安定する

元気いっぱいの有り余るエネルギーを体を動かして発散することで、心地よさを感じ、心身のバランスがとれます。

（イエローちゃんの特徴・特性）

● じっとしていない　● 衝動的
● アイデアが豊富
● 気分の浮き沈みが激しい

（イエローちゃんの苦手なこと）

● じっと座っていること　● 待つこと
● 丁寧に仕上げること
● 同じリズムで安定的に
　物事に取り組むこと

園でできる支援

思いきり体を動かせる環境を整える

園庭や遊具、豊かな自然の中など、思いきり動き回れる開放的な環境で活動する時間を設けましょう。無理に室内にとどまるより、一度外で体を動かすことで落ち着く場合も。

飽きずにエネルギーを発散できるあそびを

驚きや新鮮さを感じられて飽きないあそびや、太鼓やダンスなど全身を使うあそびを取り入れると、うまくエネルギーが発散できます。

お助けグッズ・環境

[セーフグッズ・セーフスペース]

トランポリンやブランコなど、ひとところで体を動かせるような遊具。ずっと揺れ続けられ、くつろげるハンモックなど。

[セーフパーソン]

一緒に盛り上がり、面白がりながらあそんでくれる友だち。

小学校でこんなことに困るかも……

じっとしているのが苦手で授業に集中できません。
立ち歩いたり、教室を出て行ったりしてしまうことも……。

授業中、着席して いられない

体を動かせないまま、ずっと集中して
いなければならない授業では、耐えら
れずに隣の席の子に話しかけたり、つ
ついたり……。席を立って歩き回って
しまうこともあります。

じゃあ
レッドくん！

あのねーっ！

はい！

注目を浴びたくて 指名されなくても 発言してしまう

授業中、先生はほかの子をあてている
のに割り込んで発言することなどがあ
ります。非常ベルを鳴らす、電気のス
イッチを切るなど衝動的な行動をとっ
てしまう場合も。

就学前にやっておきたい支援

衝動を抑える方法、クールダウンの仕方を工夫して、
自分自身でうまくエネルギーを発散できるようにサポートしていきましょう。

得意なことで
目立つことによって
肯定される体験を

行動を止められたり、注意されたりすることが多いために自己肯定感が低くなり、情緒が不安定になることがあるイエローちゃん。運動や友だちの前で何かを披露するなど、本人が楽しめて得意なことを通して目立ち、承認や肯定される場面をつくるとよいでしょう。

すごいね！

小学校と連携

落ち着かない
ときに、
動きや気持ちを
発散できる支援を

あらかじめ椅子の脚に、足を乗せて動かせるようなゴムバンドを設置しておくなど、衝動をうまく逃がせる方法を取り入れましょう。小学校にも伝え、支援を継続できるとよいでしょう。

グリーンくん

繊細な
きちんとさん

優しく穏やか。深い集中力の持ち主。初めてのことや騒がしい場所はとても苦手です。

園生活で見られる姿

友だちの輪に入れない

友だちとあそびたい気持ちはあるものの、自分から声をかけて自然に輪に入っていくのが苦手。少し離れたところから様子をうかがっていることも。

初めての状況に緊張して固まってしまう

大人数が集まる式や発表会など、いつもとは違う状況に緊張し、不安で動きが止まってしまうことがあります。

グリーンくんのここがステキ！

● 人の気持ちに敏感
● 記憶力や集中力があり、研究熱心
● ピアノの旋律を聴いただけで覚えられるなど、特殊な芸術センスがある

昆虫観察など、好きなことへの集中力は抜群。決めたことは完璧にやろうとする努力家です。

あれっ…

グリーンくんを理解しよう

初めての状況が苦手で感覚も過敏

予測がつかない初めてのことにとても不安を感じます。また、音や光、匂い、味、感触などに対して感覚が過敏なため、人が大勢いる場所や、ざわざわとした音などがとてもつらく感じてしまいます。

一緒にやりたいな...

みんなとあそびたいけれど心の準備が必要

友だちとなかよくあそびたい、という気持ちはあるけれど、それをうまくことばにできません。そっと誘ってくれる友だちを待っています。

グリーンくんの特徴・特性

● 優しい　　● 感覚が過敏
● 完璧主義　● 内向的

グリーンくんの苦手なこと

● 友だちの輪に自分から入ること
● 初めてのことや環境
● 大勢の人がいるところ

園でできる支援

心の準備ができるよう予行演習をする

行事などでは全体で行うリハーサルのほかに、本人が状況を想定できるような予行の機会を個別に設けるとよいでしょう。どういう状況になるのか、写真や動画を見せても。

悲しかったね…

保育者がペースを合わせて寄り添い、気持ちの代弁を

自分からヘルプを出すことが苦手なので、保育者はグリーンくんのペースでともに過ごすなかで、つらい・悲しい・苦しいといったグリーンくんの感情をかわりに言語化し、気持ちの代弁をします。

お助けグッズ・環境

[セーフグッズ・セーフスペース]

ガーゼタオルなど、やわらかくて触ると落ち着けるもの。本棚の陰、テントや段ボールでつくった囲いなど、ひとりで落ち着ける空間。

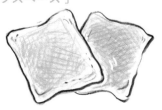

[セーフパーソン]

気持ちを察して寄り添ってくれたり、代弁して助けてくれたりする保育者や友だち。

小学校でこんなことに困るかも……

初めての環境や自分の気持ちを伝えることが苦手なので、行事や対人関係がストレスに。
我慢することに耐えられず、不登校につながってしまう場合も……。

緊張と不安から、入学式などの行事で動けなくなる

小学校では、校舎や先生など何もかもが新しい環境に。初日の入学式から校門の中へ入れなかったり、式典会場で動けなくなったりすることがあります。運動会などの行事でも同様です。

うまく友だちがつくれない

クラスメイトの顔ぶれが変わり、知らない子も増える環境では、うまく友だちをつくれないことがあります。

我慢してストレスをためる

感覚が過敏なため、給食で苦手な食感の食材や匂いを我慢して食べたり、音や光が苦痛で疲れたりします。ストレスがたまり学校へ行くこと自体が嫌になってしまう場合も。

就学前にやっておきたい支援

小学校の新しい環境に少しでも親しめるよう、
事前の見学やリハーサル、担任との顔合わせなど、小学校と連携した支援を。

入学式など行事のリハーサルをしておく

小学校と連携

通う小学校の事前見学、入学式会場の確認や予行演習、新担任との顔合わせなど、できる限りのリハーサルをさせてもらいましょう。

「頑張って」と言わないでできていることを認める

完璧にやらなくてはという意識が強い努力家なので、できないととても落ち込みます。8割方できているときなどは「頑張って」とは言わず、そこまでできていることを認め、自信につなげましょう。

ここまでできているから大丈夫！

ヘルプを出せるセーフパーソンを伝える

困っていることや苦しいことを自分から口にするのが苦手なため、頼っても大丈夫だという大人や友だちの存在を知らせ、ヘルプが出せるよう促していきましょう。

アクアちゃん

孤高の天才

感受性豊かで、鋭い。ひとりでいるのが好きで、静かにマイペースで過ごすと落ち着きます。

園生活で見られる姿

ひとりでいる時間を好み、集団は疲れやすい

鋭い感受性の持ち主で、音などに対しても感覚が過敏。そのため友だちと積極的に関わるより、ひとりで本を読むなど、静かに過ごすことを好みます。

自由で決まりがないと何をしていいかわからない

自由な造形やあそびなど、決まりが明確でなく、具体的にやることが決まっていない活動時間を過ごすのが苦手です。また、見通しがつかないことも不安になります。

アクアちゃんのここがステキ！

- 才能のあることに深い集中力を発揮
- 記憶力がとてもよい
- 物知り

記憶力に優れ、音楽の旋律を一度で覚えたり、人の顔と名前の把握なども得意です。

アクアちゃんを理解しよう

好きなことをしたいから放っておいてほしい

友だちと同じことをやる必要性を感じられず、マイペースに自分の好きなことに取り組みたいと思っています。ひとりで静かに過ごしているので、困っていることに気づかれにくい傾向があります。

人といると疲れる

人にかまわれたり干渉されたりするのが苦手で、疲れてしまいます。無理やりみんなの輪の中に入れられることは、ストレスになります。

苦手な刺激を感じやすい

感覚が過敏で、苦手な音や匂いがあります。騒がしい環境や味の混じった給食など、周囲の想像以上に我慢をしている場合も。

アクアちゃんの特徴・特性

- ひとりの時間が大切　● 感覚が過敏
- 疲れやすい
- 芸術的センスがある

アクアちゃんの苦手なこと

- 大勢の人といること
- 見通しがつかず、あいまいなこと
- 不快と感じる音や匂い

園でできる支援

ひとりでいたい気持ちの尊重

保育者はつい、「友だちの輪の中に入れたほうがいい」と思いがちですが、周囲の刺激に敏感で疲れやすいので、ひとりで過ごしたい本人の感覚やペースを尊重しましょう。

みんなは
あっちで読もう

苦手な感覚刺激への対応

苦手な感覚刺激を避けて気持ちよく園生活を送れるよう、イヤーマフをつけてよいとするなどの手だてを。グッズなどでの合理的配慮を本人にも周囲にも認識してもらいます。

お助けグッズ・環境

[セーフグッズ・セーフスペース]

苦手な音を感じにくくなるイヤーマフ。光を遮るカーテンや本棚での仕切りなど。ほかの人が入ってこない、狭くて暗めの場所。

[セーフパーソン]

無理に集団の中に入れようと誘ったり、くっついてきたりせず、静かで穏やかに近くにいてくれる友だち。

小学校でこんなことに困るかも……

感覚が過敏なので騒がしい教室や給食の時間がストレスに。
集団行動が苦手で、クラス活動や友だちとの積極的な関わりがなかなかできません。

班やグループでの
活動が苦手

小学校に入ると増える、机を突き合わせての班活動や誰かとグループになって行う活動は苦手。ひとりだけシーンと黙ってしまうことも。

音や匂いに敏感で
特定の場所に
近づけない

音や光、匂いに敏感なので、音楽室から響く合唱や楽器演奏などの音や、まぶしさのある窓際の席、給食の匂いなどがストレスになります。

就学前にやっておきたい支援

人との関わりや苦手な刺激を過剰に我慢するよりも、
自分のペースをうまく保つための逃れ方を本人が習得しておくことが大切です。

ひとりで安心できる
スペースを保障

小学校と
連携

苦しくなったときにひとりで静かに過ごせるスペースを小学校内にも設けてもらいましょう。イヤーマフをつけて過ごしてもよい雰囲気の醸成も大切です。本人には、我慢しすぎず苦手な感覚から逃げてもよいことを伝えておきましょう。

得意なことで
自信をつける

記憶力抜群で物知りであることや、芸術的センスがあることなどを認め、自己肯定感を高めましょう。周囲と同じでなくてもよいことを伝え、得意な才能をのばしていける環境を整えましょう。

ブルーくん

ゆっくり
おおらか

何かをするとき、みんなよりも時間がかかりますが、丁寧。友だちや動物に優しく純粋です。

園生活で見られる姿

すばやくうまくできない

着替えや運動、製作など、一つひとつの動作がゆっくりだったり、じょうずにできなかったりする傾向があります。

ルールをすぐに
理解できない

複数の条件のあるゲームや、その場で突然決められたオリジナルルールのあそびなどは、やり方がわからず、あそびから抜けてしまうことがあります。

ブルーくんのここがステキ！

● 優しく穏やか
● 親切
● 人や動物が大好き

人の役にたちたい気持ちがあり、年下の子や動物を積極的にかわいがります。

ブルーくんを理解しよう

周囲の動きが速すぎて追いつけない

本人は頑張ろうという気持ちで取り組んでいても、周囲のペースに合わせられません。説明や動きなど、すべてが速く感じて戸惑っています。

すごいね！

みんなと同じように行動したい、自分も活躍したい

「みんなと一緒に行動したい」「かっこよく活躍してみたい」「誰かの役にたちたい」という憧れを抱いています。一方で、それらができないことに傷つき、自信をなくしています。

ブルーくんの特徴・特性

- ● ゆっくり　● おおらか
- ● 間違いが多く、自信がない
- ● 小動物や年下の子が好き

ブルーくんの苦手なこと

- ● すばやく正確にやること
- ● 1回の説明で理解すること
- ● ことばで説明すること　● 競争

園でできる支援

周囲より早く始めることで
時間を確保する

「いつもブルーくんだけ遅い」という状況にならないよう、ほかの子より先に動き始めておくなどの配慮をしましょう。

活躍の場を演出し
自信を持てるようにする

活躍したいと願う本人の思いをくみ、よいところをみんなの前でほめたり、友だちがそのよさに気づけるような声かけをしましょう。

お助けグッズ・環境

[セーフスペース]

小動物や年下の子など、ほっとする存在がいる場所。クールダウンはあまり必要としない場合が多いです。

[セーフパーソン]

世話を焼いてくれるお姉さんのような存在の友だち。早めに手助けをしてくれる人。

小学校でこんなことに困るかも……

規則が多く、時間割に従って活動を行う小学校生活。
時間通りの行動や学習など全般でついていけない場面が増える傾向に。

学習内容が理解できない

周囲と同じ内容を理解することが難しい場合もあり、授業についていけなくなってしまうことも。

体育が苦手

運動が苦手で、体育の授業でほかの子と同じことができない、複雑な動きのダンスなどが難しい場合があります。集団で行うスポーツの対抗戦などで同じチームの子から責められてしまうことも。

教室移動で遅れてしまう

次にどこへ移動すればいいのかを理解していなかったり、行動自体がゆっくりなため、教室移動で遅れてしまったりすることがあります。

就学前にやっておきたい支援

自分でできることを増やしていくための手だてや支援を。
理解しやすく自分でできる方法を取り入れ、自信を持てるようにしましょう。

どこまでができて、どこからができないかを丁寧に小学校へ引き継ぐ

小学校と連携

生活面、運動、数や順序の理解など、発達の度合い、スピードは一人ひとり違います。ブルーくんが現段階でできること、できないこととともに、得意なことも必ず引き継ぎましょう。

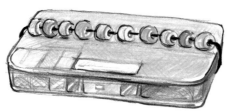

学習面で覚えやすい工夫をする

小学校と連携

ゴムに通したビーズを移動させながら数を数えるなど、ブルーくんに合った学習面での工夫を考えていきましょう。また、それを小学校にも引き継げるとよいでしょう。

パープルちゃん

甘えんぼうの
さみしがりや

さみしさや満たされない思いを抱え、甘えたかと思うと逆に意地悪をしてしまうこともあります。

園生活で見られる姿

保育者を独占したり
突然すねたりすることも

保育者に過剰に甘えたり、特定の友だちを独占したりしてお気に入りをつくりますが、急に態度を変えて、すねたり意地悪をしたりすることがあります。

プイッ

人の気を引くための
嘘をつく

「素敵な物を買ってもらった」「楽しいところに行った」など、人にうらやましがられるような嘘をついて、気を引こうとする傾向があります。

───── パープルちゃんのここがステキ！ ─────

● 甘えじょうず
● 人の心理がよくわかり、感受性が豊か
● 自分の気持ちに素直

さみしさから自分を大切に思ってくれる存在を
求めている──。本当はかわいい甘えんぼうです。

パープルちゃんを理解しよう

自分を一番に見てほしい、たくさん甘えたい

家庭で保護者との愛着形成がうまくいっていない場合があり、満たされない部分を保育者に求め、一番に見てほしい、独占したいと感じています。

本当はいつもさみしく不安

保護者が多忙など家庭のさまざまな事情で、いつもさみしさを抱えている、という場合があります。

家庭の教育方針でやることが多く疲れている

教育熱心な家庭で育っている場合、幼いうちから習い事通いや課題が多く、期待にこたえようとして疲れ、ストレスを感じているケースも。

パープルちゃんの特徴・特性

- ● 甘えんぼう
- ● さみしがりや
- ● プライドが高い
- ● 気分のムラが激しい

パープルちゃんの苦手なこと

- ● 人を信頼すること
- ● 好きな人を大切にすること
- ● 約束や規則を守ること

園でできる支援

役割を与えて、存在を認める

優しいことばをただかけるのではなく、具体的な手伝いなどをお願いし、それができたらほめるなど、存在意識を高められる方法で承認しましょう。

助かったよ

うんうん
それで？

指導で正そうとせず話をたくさん聞く

本人の居場所が家庭にない場合、「こうあるべき」といった大人の正義を伝えるより、ただ話を聞いて受け止め、寄り添うことが支援になります。

お助けグッズ・環境

[セーフグッズ]

感触がやわらかく、くるまれるサイズの毛布や癒される感触のおもちゃなどで落ち着くことも。

[セーフパーソン]

受け止めてくれる保育者。保育者がパープルちゃんから攻撃を受けた際に気持ちをケアできる別の保育者の存在も必要です。

小学校でこんなことに困るかも……

担任や特定の子を独占しようとしたり、逆に攻撃のターゲットにしたり……。
周りが振り回され、学級経営が混乱してしまうこともあります。

担任にべったりくっついたり、逆に困らせたりする

休み時間などに担任の先生にべったりとくっついたり、その逆で、わざと困らせたり、保護者に担任の悪口を言ったりすることも。

友だちが離れていき孤立してしまう

嘘をついたり、人をいじめたりする行為をくり返してしまうため、次第に友だちから嫌われて、孤立してしまう傾向があります。

本当はなかよくしたいのに…

意地悪だし

ひどいよね

就学前にやっておきたい支援

嘘をつく、意地悪をするなどといった姿の背景にある家庭の実情を把握し、
園全体で保護者や地域と連携していきましょう。

保護者へ
アプローチし、
共通認識を

保護者と
連携

保護者のよき相談相手になりながら、
パープルちゃんの園での様子を伝え、
現状の姿を共有しましょう。そのうえ
で家庭での対応や就学に向けた支援を
一緒に考えていけるとよいでしょう。

実情を
ソーシャルワーカー
などと共有する

小学校と
連携

ネグレクトや虐待などが疑われる場合
は、ソーシャルワーカーや地域の専門
機関などに相談し、実情を小学校にも
伝えて、家庭支援を行えるようにしま
しょう。

保護者との連携で、よりよい支援を

「虹色なこどもたち」の特性と支援の理解は、誰にとっても大切な学びです。発達の特性は誰にでもあるものですが、努力で簡単に変わるものではありません。しかし虹色な特性を理解し、それぞれに合ったよい環境を整えることができれば、子どもの安心につながります。

昨今、子どもの情緒の安定を支えることの重要性が再認識されています。安定した情緒には「良好な親子関係」が深く関わっており、良好な親子関係を支えることも保育者にとって大切な役割です。特に発達が気になる子どもの保護者は悩みや心配を抱え、他者に相談できないこともあります。そんなときこそ、子どもの姿をよく見ている保育者が支えになるのです。

ASD（自閉スペクトラム症）傾向がある子の場合、ひとりあそびが得意で夢中になると集中力を発揮しますが、保護者はいつもひとりでいる我が子を心配しているかもしれません。ADHD（注意欠如・多動症）傾向のある子はよく動き、目の前の刺激に反応して注意散漫なため、保護者は落ち着いて外出ができないことに

悩んでいるかもしれません。そのようなとき、我が子の支援方法をよく理解し寄り添ってくれる保育者に出会えたら、どんなに心強いことでしょう。

みんなと同じ行動ができない、切り替えが難しいなど、保育者が保護者に子どもの様子を伝えようとしても、うまく伝わらない理由のひとつとして、家庭と園では環境が異なる点が考えられます。子どもの感覚特性や情緒の安定は目に見えにくいため、一人ひとり異なる行動の理由を理解することは簡単ではありません。まずは園での様子を伝えて保護者の理解を促し、ともに支援の方法を探っていきましょう。

療育や特別支援教育の方法論は、診断名が同じであっても子どもによって一人ひとり異なります。支援の必要性は0か100かではなく、その程度は50であったり70であったりとさまざまです。診断がある子からない子までグラデーションになっているのです。

就学に向けた支援では、保育者と保護者が課題や悩みを共有し、それを小学校に伝えることが、子どもの過ごしやすい環境づくりにつながります。また、保育者の働きかけによって、小学校側の理解が深まり、支援の選択肢も広がるでしょう。

この本では診断のあるなしにかかわらず、子どもに必要な支援方法を保育者と保護者で共有できるように、虹色の中の7色を特性豊かな子どもたちとしてわかりやすく紹介しています。焦ることなく、保護者の気持ちに寄り添って、一緒に悩み、考えることが信頼関係につながり、よりよい支援方法を共有できるようになるでしょう。

子どもたちの特性と支援の解説

これまでに紹介した「虹色なこどもたち」には以下の特性の傾向があります。
診断にかかわらず、特性を理解し、それぞれの子どもに寄り添った支援が大切です。

積極的なタイプ
レッドくん
⇒P.50

受動的なタイプ
グリーンくん
⇒P.56

不注意なタイプ
オレンジちゃん
⇒P.52

パープルちゃん
⇒P.62

ASD
（自閉スペクトラム症）傾向

こだわりが強い、想像することが難しい、人の気持ちやあいまいな表現が理解しにくい、初めてのことや予定変更が苦手、感覚の過敏または鈍麻など。

孤立タイプ
アクアちゃん
⇒P.58

ADHD
（注意欠如・多動症）傾向

落ち着きがなくじっとしていられない、衝動的な行動が多い、忘れ物が多い、整理整頓が苦手、不注意で同じミスをくり返す、話すと止まらないなど。

多動なタイプ
イエローちゃん
⇒P.54

知的発達症（軽度）傾向

ことば、運動、社会性などに遅れがある、ルールや説明の理解が苦手など。

ブルーくん
⇒P.60

愛着障害傾向

養育者など特定の人との愛着が形成されず、心が不安定、怒りやすい、乱暴な言動をとる、執拗に甘えるなど。

なんでも1番 正義の味方

レッドくん

ASD（自閉スペクトラム症）傾向

積極的なタイプ

僕は間違ったことが嫌い！
予定を変更されることも苦手なんだ。
たくさん友だちがほしいのに
どうしてみんな僕を嫌がるのか
わからないよ……。

特性理解

1番や規則にこだわり、周囲とのトラブルが多い

1番になることや完璧であることにこだわりがあります。期待外れの結果になると、気持ちをどう処理すればよいかがわからなくなり情緒が不安定に。ゲームなどで負けるとパニックになって怒りだし、相手を攻撃してしまいます。正義感も強く、決められた規則やルールなどを守ろうとし、相手が規則やルールを間違えると強く注意してしまうことも。また、予測通りの結果を求めるため、予定を変更されるとイライラします。

本当は友だちがほしいのに、けんかやトラブルが絶えず、周囲から嫌がられてしまいがちです。自分に対しても厳しく、頑張りすぎて疲れやすい面もあります。

自分の気持ちを伝えること、相手の気持ちの推察が苦手

言語性に優れていて、話し出すと止まらないことがありますが、「あそびたかった」「困っていた」など、自分の気持ちを伝えることは苦手です。また、相手が何を感じるか、考えているかを察することが難しく、伝え方が正直すぎるため、友だちに「こわい」「自分勝手」と思われがちです。

空間認知の発達が異なり、協調運動が苦手

空間の見え方が違い、視野が狭く、遠くのものはよく見えても近くがぼんやりとしか見えていないことがあります。遠近感がつかめないので、人や物にぶつかりやすく、人との距離感が近すぎたりすることがありますが、決してわざとではありません。

また、協調運動が苦手で不器用。縄跳びや鉄棒がうまくできない、のりやハサミを器用に使えないなど、みんなに「すごい！」と言われたいのに、実際は不器用でうまくできず、傷ついたり、イライラしてしまったりします。

感覚過敏がある

　聴覚が過敏で小さい音や低い音などいろいろな音が聞こえすぎるため、人が多いところは苦手です。触覚も過敏で、揚げ物など表面がトゲトゲしたものを食べると痛いと感じることなどがあります。そのため、苦手な食べ物が多いです。

記憶力に優れている

　時刻表や路線、電車や虫の名前を正確に覚えられるなど、興味のあることの細かな部分まで記憶することが得意です。

支　援

　カッとなったときは、ひとりで静かに落ち着けるセーフスペースで過ごすのが有効的。イライラしているときに話しかけると、さらにパニックになりやすいので、落ち着くまでそっとしておきます。頑張ったのにうまくいかなかったときは、その頑張ったことを尊重しながら、残念に思う気持ちを一緒にことばにしてあげましょう。

　本当は友だちとなかよくしたいのに、コミュニケーションがうまくいかず、トラブルになりがちなレッドくんには、自分や相手の気持ちを言語化して「通訳」をしてくれる大人や友だちがいると、少しずつ自分の気持ちが伝えられ、相手の気持ちにも気づけるようになります。

レッドくんに伝えていきたいこと

「1番にはいろいろあるんだよ。
結果ではなく、頑張った気持ちも1番！
レッドくんの得意なことや好きなことを
大切にしていこう。頑張っているレッドくんの
存在そのものが、とってもステキだよ」

心優しい あわてんぼう

オレンジちゃん

ADHD（注意欠如・多動症）傾向

不注意なタイプ

私はよく忘れ物をしたり
大切な物をなくしたりしちゃう。
遅れてしまうことも多くて、
いつも叱られてばかりだから
落ち込んじゃう……。

特性理解

不注意で記憶が苦手なために
失敗経験が多く、落ち込みやすい

　整理整頓が苦手で、忘れ物をする、物をなくす、時間に遅れる、指示を忘れることが多いです。また、何かに夢中になると、前にしていたことを忘れてしまうなど、複数の作業を同時に行うことが苦手です。

　それらは、記憶を一時的に保持しながら物事を処理する脳のワーキングメモリが限られているためです。同じミスをくり返すので、周りから注意されたり、叱られたりすることが多く、本人の怠惰や性格が問題のように誤解を受けがちです。失敗が多いことから自信が持てず、落ち込みやすく、いつもどこか不安です。

　一方で、「忘れやすい」というのは、嫌なことも忘れられ、気持ちの切り替えや立ち直りの早さにもつながります。

感受性が強く、周囲が気になる

　感受性が強く、相手が何を考えているか、周りからどう思われているかなどがとても気になります。いつも人に気をつかっているので気疲れしてしまい、そんなときに限って失敗が多くなることがあり、「自分はダメなんだ……」と思いこんでしまいます。

創造性が豊かで
芸術的なセンスがある

　空想が好きで、アイデアも豊富です。絵を描いたり、小物をつくったり、物語を考えたりすることが得意で、芸術的なセンスがあります。

　一方で、空想や好きなことをしていると夢中になりすぎて、ぼーっとしているとか、話を聞いていないなどと注意されてしまうこともあります。

人の気持ちがよくわかり
周りから慕われる

　人の気持ちに敏感で、困っている人がいると放っておけずに助けたり、人の気持ちを代弁したりするなど、優しく穏やかな性格です。そのため友だちにも慕われ、オレンジちゃんが困ったときには、助けてくれる人が周りにたくさんいます。

　一方で人の気持ちがよくわかるために、気をつかいすぎたり、人の目が気になったりすることもあります。しかし、人の気持ちに寄り添い、自分のことのように相手のことを思えること、自分の気持ちがなかなか言えない友だちの味方になれることは、オレンジちゃんのステキな長所です。

支　援

　整理整頓や時間管理の苦手さへの支援は、整理がしやすいように小分けにできる袋や写真を使う、時間管理がしやすいように時間前予告をするなど、オレンジちゃんが身につけやすい方法で援助していきましょう。ゴールを高く設定せず、本人と相談しながら、できそうな部分から少しずつ取り組むことがポイントです。

　失敗が多く、自尊感情が低くなりがちなため、保育者はオレンジちゃんが少しでもできたら、すぐほめることをくり返します。また、創造性の豊かさや優しいところを理解し、それを認めていくことでオレンジちゃんは自信を得られ、不安な気持ちが徐々に安定します。

オレンジちゃんに伝えていきたいこと

「 苦手なことは少しずつ、自分なりの方法を見つけて
周りの人と助け合ってやっていけば大丈夫。
人の喜びや悲しみを自分のことのように感じる
優しさや、物語をつくったり絵を描いたりする
すばらしい才能を大切にしていこうね 」

すばやく動く 人情家

イエローちゃん

ADHD（注意欠如・多動症）傾向
多動なタイプ

じっとしているのが嫌い！
走り回って、ジャンプして、
ずっとあそんでいたいのに、
「座って」「静かに」ばかり言われて
イライラしちゃうんだ……。

（特性理解）

じっとしていることが苦手で
衝動性が強い

　好奇心旺盛で新しいことや面白そうなことがあると、やってみたい、見たい、触りたいという気持ちが抑えられなくなるなど、衝動性が強いタイプです。じっとしていられず、次々と動き回ります。座っていることや待つこと、集中して取り組むこと、くり返しの作業が苦手です。

　行事や集まりのときにひとりでどこかに行ってしまう、列に割り込む、友だちのおもちゃを取ってしまうことも多く、叱られたり、トラブルになったりします。

　また、いろいろなことを同時に思いついたり、同時にやろうとしてしまい、優先順位がわからなくなります。

動きを止められると
集中力が落ち、イライラする

　生まれつき「動きのエネルギー」が強く、動くことで心身のバランスを保っています。

　動きを止められて自分の気持ちがおさまらないと、集中できなくなったり、我慢ができずカッとなって乱暴をしてしまったりすることもあります。そのイライラする気持ちを受け入れてもらえず、さらに動きを止められると、余計に感情のコントロールができなくなります。

話し続けてしまう、
人の話を聞くのが苦手

　よく話し、止まらないことがあります。夢中で自分ばかり話し続ける、人の話を最後まで聞かない、人の会話に割り込むことも。

　ただ、それは思いついたことを早く伝えないと忘れてしまう……という不安からで、悪気があるわけではありません。そんなときは、「待って」「相手も話したいよ」などと話を止めても大丈夫。イエローちゃんは、話しすぎた後で、「しまった！」と後悔することも多いのです。

支　援

発想力、行動力があり 友だちを楽しませる人気者

「よく動く」ことは、何かを実行したり、チャレンジしたりするエネルギーとなり、その行動力がイエローちゃんの魅力です。

　発想力も豊かで、面白いことをして、みんなを笑わせる人気者。人の役にたつことも好きで、困っている人を助けたり、仲間を大切にしたりする面もあります。感情がコントロールできずカッとなってしまうこともあるけれど、イエローちゃんと一緒にいると楽しいので、自然と友だちが集まります。

　体をたくさん動かせる環境を準備することが効果的な支援です。回る、跳ぶ、揺れるなどの感覚運動あそびを取り入れたり、静かな活動の場合は先に体を動かしたり、活動の間で気持ちを切り替えたりすることができるようにします。動きを抑えるより、自然の中などでたくさんあそび、発散できるとよいでしょう。

　行動を制御されたり、みんなと同じように静かにすることを求められたりして、否定的なことばかり言われると自尊感情が低下し、情緒が不安定になります。人の役にたつ役目を与えられ、周囲に認められる機会を増やすと、活動的で人を楽しませる本来の才能が発揮されます。

イエローちゃんに伝えていきたいこと

「"動きたくなる"ことはイエローちゃんらしさ。
そのエネルギーは、スポーツや何かに挑戦する
原動力にして、イエローちゃんの強みにしていこう！
面白くて友だち思いのイエローちゃんは、みんなの人気者。
これからもその魅力でみんなを楽しませてね」

繊細な きちんとさん

グリーンくん

ASD（自閉スペクトラム症）傾向

受動的なタイプ

初めてのことや場所は
不安で動けなくなる。
うるさいところも疲れちゃう。
友だちとなかよくしたいけど
自分から話しかけられないんだ……。

（ 特性理解 ）

初めてのことへの不安が強い

　先がわからないことにとても不安を感じます。初めてのことや人と関わるときに固まって動けなくなることがあり、行事などに参加できない、部屋に入れないなどの姿が見られます。心の準備に時間がかかるため、無理やり参加させたりすると、より不安定になります。

感覚過敏がある

　音、光、匂い、味、感触などに対する感覚が過敏です。特に聴覚が過敏で、遠くを走っている車の音や空調の音、鉛筆で書く音なども気になってしまいます。一度にいろいろな音が耳に入ってきて、頭が痛くなることも。さらに光や匂いなどの刺激が加わると、感覚の処理がうまくいかず、固まって動けなくなることがあります。人が大勢いる場所が苦手で、行事に参加できなかったり、部屋に入れなかったりするのは、それらが要因の場合も。

　周囲からの刺激が強すぎて休みたいときは、あれこれかまわれるより、放っておかれるほうが楽な場合もあります。かまわれることが刺激となり、かえって疲れてしまうのです。

気持ちを伝えることが苦手で 困っていても「助けて」と言えない

　困っていることがあっても、自分から助けを求められず、ひたすら我慢して頑張ろうとします。

　からかわれたり、仲間外れにされたりしても「嫌だ」と言い出せません。本当は友だちがほしいのですが、自分から誘ったり、友だちの中に入っていったりすることはとても苦手です。また友だちが「あそぼう」とグリーンくんを誘っても、返事がなかなかできません。

優しく繊細な 頑張りやで完璧主義

　グリーンくんは、レッドくんのように友だちにどんどん近づいていく積極的なタイプではなく、内向的でおとなしいタイプです。人の気持ちにも敏感に気づく優しく穏やかな性格で、まじめで努力家。間違いが嫌いで完璧主義なところはレッドくんと似ていて、きちんとできないと傷つき、つらくなります。

記憶力や観察力に優れ、深い集中力がある

　虫の観察など興味があることに研究熱心で、没頭すると時間を忘れてしまうほど集中力を発揮します。夢中になりすぎて切り替えができないことも。また、ほんの少し違うだけでも気づくなど、記憶力も抜群。記憶力がよいために失敗やこわかった経験も覚えていて不安になる場合もあります。

　聴覚や視覚が鋭いので、曲の旋律をすぐに覚えたり、独特な色彩感覚を持っていたりするなど芸術的なセンスもあります。

（支　援）

　言われたことをきちんとやるので、周りからは手のかからない子と思われ、支援の必要性になかなか気づかれませんが、目に見えない苦しさを抱えています。初めてのこと、いつもと違うことをするときは、何をするかを先に伝えておく、リハーサルをする、写真を見せて理解を促すなどして、気持ちの準備ができるようにしましょう。音や光などの刺激には、イヤーマフやひとりで静かに落ち着けるセーフスペースがあるとよいでしょう。

　緊張や不安が強く完璧主義で、自分の気持ちをことばにできないグリーンくんには「大丈夫だよ」という声かけと、気持ちを理解して代弁してくれる人が周りにいると安心できます。

（グリーンくんに伝えていきたいこと）

「 頑張りすぎなくて大丈夫。
困ったら『助けて』と言っていいんだよ。
グリーンくんの周りには助けてくれる人がいるから。
グリーンくんが得意なこと、好きなことを大切にしながら
自分を認める気持ちを育てていこうね 」

孤高の天才

アクアちゃん

ASD（自閉スペクトラム症）傾向

孤立タイプ

私は、ひとりが好き。
人がいるところは疲れちゃう。
静かなところで本を読んでいると
落ち着くのに、みんなと同じに
しなくちゃいけないのかな……。

特性理解

人といると疲れてしまい
集団活動が苦手

　繊細で感受性が強く、人といると疲れてしまいます。特に集団が苦手で、ひとりあそびが多いです。集まりなどでは、ふらっと抜けてしまい、静かなところに隠れてしまうことも。

　また、気持ちを表すことが苦手なので、保育者や友だちが話しかけても反応できず、何を考えているかわかりづらいと思われがちです。ひとりになることで気持ちを落ち着かせているため、集団活動を無理強いするとより不安定になります。

感覚過敏がある

　音、光、匂い、味、感触などに対する感覚が過敏です。触感が苦痛で食べられないものがある場合も。また特に聴覚がとても過敏で、遠くのおしゃべりの声や椅子を引く音、蛍光灯の音など多くの人には聞こえない音まで聞こえてしまい、常に喧噪の中にいるように感じたり、ときには突き刺さるような痛みや頭痛、吐き気がすることもあります。そのため人が大勢いる場所や賑やかな環境は苦痛で、刺激の少ない静かな空間でひとりになりたくなります。

見通しがつかないことや
あいまいなことが苦手

　先がわからず、見通しがつかないと不安になります。自由にあそぶ、自由に絵を描くなどは、どうしたらいいかわからなくなり、気が休まりません。また「あれ」「あそこ」「こんな」などのあいまいな指示語やことばは、何を言われているか理解しにくいです。

困っていることを
周囲に気づかれにくい

　レッドくんのようにトラブルになりやすいタイプやグリーンくんのように周囲に不安がわかりやすいタイプとも異なり、アクアちゃんはもの静かに過ごし、ひとりでなんでもできるので、集団活動ができないのは、ただの「わがまま」だと思われがちです。一方で、何に困り何が不安なのかが説明できず、我慢していることも多いので、疲れやすいです。

さまざまな才能がある

　記憶力、観察力、集中力、芸術的センスなど、さまざまな才能があるアクアちゃん。耳がとてもよいので、音を聞き分ける力や一度聞いた旋律を覚えて楽譜を見なくてもピアノを弾けたりします。また、見たものをすぐに覚えられたり、数学や文章を書いたりすることなどに突出した才能がある場合も。

　好きなことに没頭しているときは、切り替えが難しいこともありますが、深い集中力や創造性が発揮されると、すばらしい才能が開花します。

支　援

　アクアちゃんの支援で大切なのは、繊細さや感覚過敏への配慮です。イヤーマフやひとりで落ち着けるセーフスペースがあるとよいでしょう。

　クラスの活動では「はしっこの席で描く？ みんなと一緒に描く？」などと声をかけ、自分で選択してもらうのもよいでしょう。全部に参加できなくても、時間を決めて少し参加するという方法も。

　また、アクアちゃんは感受性の強さや感覚過敏から友だちと離れて過ごすこともありますが、それは友だちが嫌いなのではなく、ひとりで気持ちを落ち着ける時間が必要だからです。それを理解し、嫌な感覚から逃げることを促してくれる人が周りにいてくれるといいですね。

アクアちゃんに伝えていきたいこと

「 無理にみんなと一緒に行動しなくても大丈夫。
感受性や嫌な感覚は人それぞれだから、
安心できる場所をつくっておけばいいんだよ。
ステキな才能に恵まれたアクアちゃん。
マイペースに才能を生かしていってね 」

ゆっくり おおらか

ブルーくん

知的発達症（軽度）傾向

なんでも時間がかかって
みんなについていけないんだ。
うまく話すことも苦手。
本当は誰かの役にたちたいし、
活躍したいんだけどな……。

特性理解

言語、運動、社会性、日常生活の自立がゆっくり

　ブルーくんは、軽度の知的発達症と思われ、発達の水準は同じ年齢の標準より全体的に７割程度です。遅れが目立ちやすい運動や言語理解、身辺の整理などは、同じ年齢の子と同じスピードや正確さで実行するのは難しく、５歳での脳の機能は３歳くらいの水準だと考えるとわかりやすいでしょう。ブルーくん自身は、以前より一つひとつできるようになっていて、着実に発達していますが、同じ年齢の子と比べるとゆっくりなのです。

　一つひとつの動作がゆっくりで、集団で何かをするときに遅れたり、時間がかかったりします。1回の説明で話の内容を理解したり、手順を覚えたりすることも苦手です。運動も苦手で、よく転んだり、鬼ごっこではすぐにつかまったりします。

　物事を考える際も、言いたいことが頭に浮かんでもことばにするまでに時間がかかります。自分でも何がわからないのかよくわかっていないため、困っていることをことばにするのが苦手です。

みんなについていけず自信がなく、傷ついている

　周りについていくことに精一杯で、いつもストレスがかかっていて、疲れやすいです。本当はみんなの役にたったり活躍したりしたいのに、できないので、自分を好きになれず、つらい気持ちになっていることが多いです。同じ年齢の子の仲間に入って一緒にあそびたいけれど、ルールが理解できないため、そのうちそっとあそびから抜けて遠くから見ているなど、さみしい思いをしていることも。また、負ける経験も多いので、競争が嫌いです。

　周囲から、行動が遅いことやよく間違えること、運動が苦手なことなどを理由に仲間外れにされたり、悪口を言われたりして、本当は傷ついていますが、笑顔で頑張ろうとする面があります。

　本来、世話好きで動物などに優しいブルーくん。年下の子から好かれ、年下の子と一緒にあそぶことが多いです。

人に優しく穏やか、
辛抱強く粘り強い面も

　ことばでの表現や意思表示は苦手ですが、感受性が強く人間観察力に優れていて、困っている人や傷ついている人の気持ちによく気がつきます。誰にでも優しく、いつも穏やかで、人のことを悪く言いません。周りはそんなブルーくんの純粋な心に癒やされることがよくあります。

　行動はゆっくりですが、ひとつのことを丁寧に行い、あきらめない粘り強さがあります。当番の仕事や役割をやり遂げたり、赤ちゃんや年下の子、動物などの世話に辛抱強く取り組んだりします。

　軽度の知的発達症は、ゆっくりなおっとりさんと思われるなど、周囲から気づかれにくいことがありますが、理解度に合わせた支援が必要です。

　ことばの説明だけではわかりにくいあそびや活動内容は、保育者が一緒にやってみたり、絵カードやパペットを使ったロールプレイなどで視覚的に見せたりする手だても有効です。「全部できる」を求めるのではなく、ひとつずつでよいので「できた」という達成感が持てるようにしましょう。

　ブルーくんには、目に見えにくい感性や優しさなど、ステキなところがたくさんあります。人と比べずに、ブルーくんらしいよさを認められると、自信が持てるようになります。

ブルーくんに伝えていきたいこと

「 頑張りやさんのブルーくん。
時間がかかっても、ゆっくり、自分のペースで大丈夫。
困っている人やさみしい人に優しいブルーくんは、
いつも周りの人をほっとさせてくれるよ。
笑顔がステキなブルーくんらしさを大切にしていってね 」

甘えんぼうの さみしがりや

パープルちゃん

愛着障害傾向

私のことを一番に見てくれないと
すごく不安になってイライラして、
嫌なことをしたり、言ったりしちゃう。
本当は気持ちを
わかってほしいのに……。

特性理解

さみしさや不安を表現できず情緒が不安定

養育者など特定の人から安定した愛情を十分に得られず、心が不安定になる愛着障害。近年、家庭に困難さを抱える子どもが増えており、こういった子どもたちも特別な支援が必要です。

パープルちゃんも家庭になんらかの事情があり、愛着形成に課題がある可能性があります。そのさみしさをわかってほしい、自分を一番に見てほしいという思いから、他者に攻撃的になる、ささいなことで泣く、甘えるなど、気分の浮き沈みが激しく、情緒が不安定です。

人を傷つけたり嘘をついたりして気を引こうとする

家庭の事情によるさみしさなどから自尊感情が低く自分に自信がなく、不安定なパープルちゃん。本当は保育者に甘えたい、友だちとなかよくしたいという気持ちがあるのに、自分の思い通りにいかないと、叩く、傷つけることを言うなど攻撃的な態度で気を引こうとします。また、「こうであったらよいのに……」という願いや妄想を事実のように話すこともあります。

周りの人の心を傷つけたり、嘘をついたりしていると、だんだんと周囲が離れていってしまいます。そのたびにまた気を引こうと相手を困らせたり、嘘をついたりして悪循環になりがちです。

独占欲が強く、人に甘えるときと突き放すときがある

人に攻撃的になることがある一方で、保育者にべったりとくっつく、膝の上を独占する、抱っこを執拗にせがむ、ずっと後追いをするなど、甘え方が激しいときがあります。しかし、急に知らん顔をしたり、無視をしたりすることもあり、周囲がとまどうことがあります。

大切にされたい気持ちが人一倍強く、本当に自分を大切にしてくれる人、甘えられる人を試すようにして探しているのかもしれません。自分をもっと見てほしい、もっと甘えたいというパープルちゃんなりの心の表現なのです。

支 援

パープルちゃんは、さみしさや不安を抱え、必死に愛情を求めています。パープルちゃんの心にコップがあるとしたら、コップに愛情が注がれずにヒビが入っている状態です。パープルちゃんの気持ちを受け止め、「あなたは大切な存在だよ」「あなたのことを気にしているよ」という肯定的なメッセージを伝えていくことが大切です。また、自分の役割や居場所ができると自信が持てるようになり、安定してきます。自分はここにいていいのだという安心感を育てましょう。また、不安が強いときは、やわらかくてフワフワした感触のぬいぐるみやタオルがあると落ち着くこともあります。

自分の気持ちをわかってほしい思いが強いパープルちゃんにとって、話を聞いてくれたり、思いを受け止めてくれたりする人が重要です。ただし、担任の保育者などがひとりで受け止めようとすると精神的につらくなってしまう場合があります。保育者同士でパープルちゃんの状態を共有して、園全体で対応していけるとよいでしょう。

また、できるだけ家庭と連携して、パープルちゃんの状態を共有することも大切です。一方で、ネグレクトや虐待が疑われる場合は、地域の専門機関、専門家と連携した対応が必要です。

パープルちゃんに伝えていきたいこと

「 さみしいと不安になって、
イライラしちゃうこともあるよね。
甘えたいときは、甘えていいんだよ。
あなたはここにいていい、必要とされている存在。
自分を大切にして生きていこうね 」

[著]
星山麻木 （ほしやま・あさぎ）

明星大学教育学部教育学科 教授、保健学博士、一般
社団法人 こども家族早期発達支援学会 会長、一般社
団法人 星と虹色なこどもたち 代表、日本音楽療法学
会認定 音楽療法士。発達支援のサポーターや専門ボ
ランティアなど多くの人材を育成。講演やNHK「すく
すく子育て」などメディア出演も多数。著書に『ちがう
ことは強いこと その子らしさを大切にする子育て』
（河出書房新社）、『わらべうたセラピー』（Gakken）な
ど多数。

一般社団法人
星と虹色なこどもたち

https://hoshiyama-lab.com
2005年からスタートした発達サポーター講座の活動
が広がり2018年に法人化。現在では行政と連携し、
多くのサポーターが保育や教育の現場で活躍している。

[イラスト]
相澤るつ子 （あいざわ・るつこ）

イラストレーター、絵本作家、画家、表現アートファ
シリテーター。東京藝術大学美術学部芸術学科 卒業。
神戸新聞出版センター赤とんぼ絵本賞受賞後、「ゴロ
タン」シリーズ（ポプラ社）など、絵本、紙芝居、児童書、
心理学系の書籍の挿絵を手がける。表現アート療法を
PCETI 及びセイブルック大学院にてナタリー・ロジャー
ズ博士に師事。明星大学通信教育にて星山麻木教授
のもと教育学修士過程を修了し、表現療法の非常勤講
師として勤めた。

アートディレクション＆デザイン
　　　　　　　川村哲司（atmosphere ltd.）
校正　　　　株式会社 円水社
DTP作成　　株式会社 明昌堂
編集　　　　柴 茜（株式会社 Torches）
企画編集　　源嶋さやか 乙黒亜希子

就学前にやっておきたい
特性理解と支援

虹色なこどもたち

発行日　2024年 3月15日　初版第1刷発行
　　　　2024年12月15日　　第3刷発行

著者　　　　星山麻木
イラスト　　相澤るつ子
発行者　　　竹間 勉
発行　　　　株式会社 世界文化ワンダーグループ
発行・発売　株式会社 世界文化社
　　　　　　〒102-8192
　　　　　　東京都千代田区九段北4-2-29
　　　　　　電話 03-3262-5474（編集部）
　　　　　　　　　03-3262-5115（販売部）
印刷・製本　TOPPANクロレ 株式会社

ISBN978-4-418-24701-1
© Asagi Hoshiyama, Rutsuko Aizawa, 2024. Printed in Japan

〔関連書籍〕
星と虹色なこどもたち
「自分に合った学び方」
「自分らしい生き方」を見つけよう

著／星山麻木
イラスト／相澤るつ子
発行／学苑社
定価／ 2,200円
（本体2,000円＋税10%）

小学生になった虹色なこどもたちを紹介。仲間同士で違いを
理解し、助け合い、自分らしい生き方を見つけていきます。